THE WHISPERS
FROM THE
UNIVERSE OF FIRE

VOLUME ONE
THE SEDA

MEHDI ZAND

The possibility that is certain

Yaad Publications

First Edition

First published in Great Britain in 2007 by Yaad Publications,
PO Box 2111, WD17 4XQ, United Kingdom.

www.mehdizand.org

YAAD is a registered trademark of Mehdi Zand, registered in the E.U.
and U.S.; The Exordium, The World of Yaad, and their logos are trade-
marks of Mehdi Zand

ISBN 978-0-9547254-7-1

WHISPERS FROM THE UNIVERSE OF FIRE

SEDA

ENGLISH CONTENTS

THE PEN TOOK ITS ROOT FROM THE HEART OF THE EDEN

From knowledge, the pen is born

Its time, excited and hard

Like the speaking towers of the plane, it looked upon the temple of the dust

Like an arc, it twisted

Like thunder, it roared

Towards the cause, it galloped

From the south, to the north

On the account of mystery, it formed the circle

The pen departed, from its abode

It passed, from the boundaries of the dusk

It fled, from the fences of the night

It summoned the orbit, of cosmic harmony with the power of Yaad

It measured, the throne of the name, with the glory of Baad[1]

The pen departed, from its abode

With the whispering of the letter, the letter of fire

It cleaved open, the dimension of space

It passed, through the wilderness

It reached the fountain

The pen took its root, from the heart of the Eden

---

[1] Baad: wind

THE PEN DEPARTED
FROM ITS OWN ABODE

From the knowledge, the pen is born

Its time, excited and hard

Like the speaking towers of the plane, it looked upon the
temple of the dust

Like lightning, it shined

Like thunder, it roared

Towards the cause, it galloped

From the south, to the north

On the account of mystery, it formed the circle

The pen, the revealer of the secrets

Departed, from its abode, the abode of flesh

It passed, from the boundaries of the dusk

It fled, from the fences of the night

With the whispering of the letter, the letter of fire

It cleaved open, the dimension of time

From intellect, to intellect

From recitation, to concentration

From the west, to the east

It flew, towards the centre of the dawn

The pen departed, from its abode

With its own vastness, it summoned the circuit of the cosmic
order

It measured, the throne of the name

(and) visited, the seasons of the stars

The pen, saw the sky of horizon, which was shining full-
heartedly

It saw the dome of the heaven, that was roaring ferociously

The storm of secret and glory, rained in the silence of the
night

The court of the Earth, shook powerfully

From the depths of the ground, the fountain boiled

(and) from the splendour of the light, the flowers grew

The pen, departed from its abode

It passed, from the boundaries of the dusk

It fled, from the fences of the night

With the whispering of the letter, the letter of fire

It cleaved open, the dimension of space

From recitation, to concentration

From the west, to the east

It flew, towards the centre of the dawn

The pen, departed from its abode

The Pen Became Filled
With The Breath Of Heaven

The pen, the speaker of the secrets

The follower, of the lights

The quarry, of the trumpet

The guardian, of the radiance[1]

Sat, upon the wings

The wings of water

The wings of excellence

The pen, the speaker of the secrets

The follower, of the lights

Departed, from its abode, the abode of flesh

With the feather, of mystery

With the breath, of intention

With the majesty, of the Yaad

With the speed, of the Baad[2]

(The pen) reached, to the city, fresh and new

Reached, to the mountain, upright and mighty

The centre of the city, the lines of Seda

The air of the city, the wind of Sabaa[3]

The heart of the mountain, the line of explanation

---

[1] Lit: light
[2] Baad: wind
[3] Sabaa: prosperity

The summit of the mountain, the key of alteration

The pen passed, from the night

It cleaved open, the veil

With the branch of devotion

Like the flame in motion

(The pen) reached, to the river, the essence of the way

Reached, to the stream, the nature of the moon

The map of the river, like the mystery of Eden

The origin of the river, like the ground of yore

The root of the stream, the shore of purity

The aim of the stream, the ascension of humanity

The pen passed, from the night

It cleaved open, the veil

The pen became filled, with the breath of heaven

The Breath

The breath

Its Heh[1], Yeh'aat

Its Yeh'aat, the life

Its life, the joy

Its joy, the way

Its way, glory

Its glory, the gold

Its gold, the might

Its might, the light

Its light, justice

Its justice, the truth

Its truth, the Baad

Its Baad, the Yaad

Its Yaad, the throne

Its throne, eminence

Its eminence, the power

Its power, the limit

Its limit, the step

Its step, the crown

Its crown, incantation

Its incantation, the thought

Its thought, the mystery

---

[1] Heh: the sound of exhalation

Its mystery, the secret

Its secret, the summit

Its summit, the eagerness

Its eagerness, the wave

Its wave, the height

Its height, the sight

Its sight, the Sun

Its Sun, the origin

Its origin, the season

Its origin, the season

WITHIN ME IS
THE RISING OF THE VOICE

O line of explanation

The Yaad, says this:

The moment when mankind entrust their dead to the dust

I can see the tearing, of their hearts

I contemplate, their grief

I learn, their tears, like letters

I am not afraid, of the storm of death

For the master, I am the hurricane

For the earth, I am the water

For the rain, I am the guardian

I was born before, the entrance, of the moon

Before the fires, lit the fire, I knew mankind

Humanity, begins with me

Within me, is the rising of the voice

I am the sea; its boundary I know

I am within the wind; its influence I acknowledge

I am in the cloud; its expanse I protect

With the voice, I have made the covenant, of rising

Like the breath in silence, I sit, in concentration

For the book, I am the architect

I am the guardian, so the limits, do not exceed the command

And the lines, do not depart, from the time

I regard the weight of letters, as solid, like the dome of the
sky

The space when the river meets, I name the point for the
rising soul

And I call the moment of the changing aeon, the rising of the
seal of resurrection.

O line of explanation

Yaad says this

With Yaad I Am Concealed

O line of explanation

The pen says this:

I regard the glory of time, precious like the words

I call the secret of paradise, that is in the centre of the Earth, by the name of fire

And I name the arrogance and ignorance, like jealousy, the point of darkness

I am like the mountain, in flame

In the greeting, I am the intention

In the book, I am the constitution

With the Baad, I am the agent

With the Yaad, I am concealed

In the letters, I am the seven heavens

Like the knowledge, and insight, I am the fire to the truth

I call upon the light

In trust I roam, I fly

I am the resurrection, I am the sensation

I sit in certainty, I say this:

'Those who have chosen the path of denial

'(Those who) sell their heart to jealousy, the poison of falsehood and the empty world

'If they adorn the whole universe with gold, they are still
    people of the grave, they would not rise

'They would not rise.'

I Am The Voice
Of The Flames Of Fire

O line of explanation

The Yaad says this:

I am the voice, of the flames of fire

I am the sound of light, the ascension of every insight

I call upon the courageous, the brave of heart

Those who are companion, to the good tidings of the wind

(Those) who are guardians of the east

(Those) who are safeguarding the west.

O line of explanation

The Yaad says this:

I would make the wind, fertile by the command of the breath

I would make the goods, more valuable than they are

From me, is the origin of intelligence

It is I, who has discovered the fire

It is I, who has planted the wheat

It is I, who has coupled the trees of dates

Mankind is nothing without me

Mankind is empty without me

Without me, there is no song of praise

Without me, there is no source, no rising

I am the mind of the citadel, revolution I create

I am the wisdom, I speak of teaching and guidance

I am the recollection, the memory of the past is sitting within me

I am the world, I live at the end of the time

Changing the order, is my mission

The Earth speaks, because of me

The moon turns, on account of my recitation

I am the voice, of the flames of fire

I am the sound of light, the ascension of every insight

I regard the weight of letters, as solid, like the dome of the sky

The space when the river meets, I name the point for the rising soul

And I call the time of the changing aeon, the beating of the seal of resurrection.

O line of explanation

Yaad says this

The Word Overtook (Part I)

The word overtook

It echoed in the space, like the sound of the trumpet

It shone upon the pen, like the origin of the light

(The word) made a covenant, with the glory of the power

(The word) passed from the line, with the letter of insight

And the word sat upon the page, with the intelligence of the
Sun

The word overtook

Like the source, it kindled the flame

(The word) pointed, towards the universe

From the tower of prosperity, it became one with the
perception of thunder

With the bow of the Baad, it reached the sea, like the vision
of the Yaad

(The word) formed the plan, with the white of the eye

With its pupil, it made the temple

And with the breath of the soul, it moved quickly towards
the infinity

The word overtook

The word overtook

WITHIN ME IS SITTING
THE GLORY OF TIME

O line of explanation

The book, is the foundation of mystery

It is the origin of love; it is the wisdom of ascension

In this book

The letters make conversations, the words create histories

O line of explanation

The letter, is heavier than water

It is faster and sharper, than thunder and arrows

In this book, logic calls upon the soul

The horizon, safeguards the moon

And the pure wisdom, fills the mountain

O line of explanation

In this book

Justice and fairness sit upon the intelligence, like the morning
   dew

The canopy (of this book), is the cloud

The number is the secret of power

The east, explains the dimension, between the worlds

And the pen will make a covenant, with time

O line of explanation

The Yaad says this:

I am the voice, of the flame of fire

I am the sound of light, the ascension of every insight

Within me, is sitting the glory of time

Within me, the righteousness have become the faith

From me, is the origin of fairness

I know the intention, of the rain

I call upon those, with righteous hearts

I roam in guidance

I glide

Not everyone, can understand me

Those who have turned away, cannot see me

The oppressors, are away from my emergence

I am the sea

The wisdom and eagerness are mine

I am the oasis

I know the path of awakening, after the death

With me the judges, judge in righteousness

The rulers, rule in fairness

The honourable, speak with honour

And with me, the mountain protects the word in balance.

O line of explanation

The Yaad says this

THE ENTRANCE
TO THE GATES OF HEAVEN

O line of explanation

The Yaad says this:

To me the origin, is the secret of the book

With my letters, I call the heh[1] of silence, the season of fire

This fire, is the rising mystery of paradise

The splendour of excellence, which is in the horizon, I
    observe

The glory of the breath, like the voice of Eden, is my message

This message, is the emergence of the sea

Like the greeting of the mountain, in the thought of
    ascension

Like the word of the moon, in the flame of recitation.

O line of explanation

The Yaad says this:

I have pity for those, who are sitting in death

For those, who know greed, as the only way

For those, who read the Seda, with jealousy

And for those, who regard wisdom, as low as the dust

---

[1] Heh: the sound of exhalation

With the (universal) will, I have made the covenant

So in the time of need, it shall build the temple, within me

In the time when mankind, commit their dead, to the grave

I feel the tearing of their hearts, like my own pain

I am the feeling

I am the rising

I am the entrance

The entrance to the gates of heaven.

IN THE SILENCE OF THE NIGHT

In the silence of the night

Contemplating, upon the heaven

The pen, was sitting in awareness

Searching, for the truth

Thirsting, for the wisdom

From the head to toe, all ears

Its weapon, intellect

The follower, of the light

The herald, of the trumpet

In the silence of the night

Contemplating, upon the heaven

The pen, was sitting in awareness

With the recitation of the letters, (the pen) looked to the
horizon

(The pen) heard the voice, the voice of the wind

that was adorning the word, in accordance with the lines of
paradise

The word, as solid as the universe

The word, like the hidden heir

Mysterious, like the time and space[1]

---

[1]   Lit: Earth

In the silence of the night

Contemplating, upon the heaven

The pen, was sitting in awareness

With the recitation of the letters, (the pen) looked to the
horizon

(The pen) heard the melody, that was cleaving the dimension

(This melody) was played with love

(It was saying) that mankind, is the fire of righteousness

His culture, the ocean of existence

The expanse of his heart, the breadth of the sea

The limit of his hand, the word of revelation

In the silence of the night

Contemplating, upon the heaven

The pen, was sitting in awareness

THE WORD IS THE INHERITANCE OF THE FIRE

The word, is the inheritance of the fire

From above the clouds, (it) looked upon the Earth

For the sake of emergence, (it) shimmered like the moon

(The word) poured like the rain

With the letters of mystery, (it) made the melodies

The melodies of heaven

The melodies of life

The melodies of salvation

The word, is the inheritance of the fire

From above the clouds, (it) looked upon the Earth

From the far side, of the horizons

Like the light of the lights

It pointed, towards the land

From universe to universe

From tower to tower

The word cleaved open, the dimension

With the voice, of the trumpet

From the region of power

It composed, the song of praise

(The word) with the excellence of the throne

Like the quarry, of the plan

21

Sat upon, the hearts

With the sign, (it) planted the seeds

Powerfully, it sewed the clothing

(The word) summoned, the souls of Yaad

He measured, the lines of Baad

And in majesty and glory, it flew towards the height of
paradise

The word, is the inheritance of the fire

The Tightness Of The Grave

Hear the letters

Weigh the words

Measure the logic

The light, is the scene of excellence

The pen, the secret of the verses

In the realm of touch

To conquer the hearts

(The pen) passes swiftly, through the midst of the waters

With the pain of the orphan, it makes stories

With the sorrow of the mothers, it sheds the tears

The dome of heaven, has opened in beauty to me

The voices, of the closest angels, are reaching the ear

They talk of opening, the dimension of time and space

The place where the voices of the dead, circle like the roar of
thunder

The dead who wail

(The dead), who scream

It seems as though, they are disheartened by mankind

Or maybe (they) are pointing, to the tightness of the grave

I Have Risen

From knowledge, the pen is born

Its time: excited and hard

(the pen), is the vision for the Earth

(It) is the ornament, for the page

The pen does not fear, the storm of death

In the midst of the water, it circles

With the thunder of the waves, it twists

The pen is the fire, for the flame of the secret

It sits upon the throne of recitation

It says this:

I have risen

I have found the sanctuary, in the space of meaning

I have flown, in the world of mystery

I have seen, the autumn of the purgatory

(And) I have reached, the paradise of the soul.

From knowledge, the pen is born

Its time: excited and hard

(The pen) is the canopy, like a brilliant cloud

It is the speaking path, to achieve the destination

In the excellence of time, (the pen) is richness for the river

The pen does not fear, the storm of death

It sits upon the boundary of the soul

It says this:

I have risen

I have become the faith, with the emergence of logic

With the staff of power, I have made an ark

I have seen the lines of the heaven

I have heard, the mysteries of the firmaments

(And) I have reached the Seda, the chariot of the word

From knowledge, the pen is born.

The Word Overtook (Part II)

The word overtook

The heart, found its own greatness

The source kindled the flame

The pen, with insight, formed the plan

And the voice, recognised the sea like the mystery of Eden

The word overtook

The name, bestowed upon the pen, the mystery of fire

The soul, flew to the heart of the horizon, like the secret of heaven

The breath, rose to its feet, drank from the fountain of eagerness

And the water, boiled from the ground, like the stream of joyfulness

The word overtook

The name, bestowed upon the pen, the mystery of fire

The pure flame, entered the gate, (so) the way opened

With devotion (the word), composed the tale of love

(The word) echoed in time, like the sound of the voice

And reached to the shore of the sea, like the ark of grace

The word overtook

The word overtook

IT SEEMS THAT
THE LOCUSTS HAVE SWARMED

O line of explanation

The Yaad, says this:

The fortress of the city, is in ruin

The sin of the dust, is deeper than the sea

The savages of the Earth, have risen

The souls, have grown impudent

With their deeds, they create mischief

In mind, far from emergence, and resurrection

They sell (their) honour, in arrogance and ignorance

For them, there is no return

They loot, with (the word of) peace

They rape, with (the word of) love

They have forgotten, the bounty of the days

They have created idols, (they) are sitting in protection

They have woven the stories, (they) have lost their hearts to
deception

They see the spring of Earth, as the dry land

They are dust, like dirt and gloom

Like the leaves, they are at the feet of the winds

In their minds, they are living in the world of civilisation

Surely they are joking, or talking in jest.

O line of explanation

The Yaad, says this:

I can see that the dust, have closed the gates of their heart,
with extravagance

(They) have stolen the heritage of the word, with impudence

To them, the greeting is sickness and war, jealousy and
disgrace

To them, heaven is like a rock

Daybreak, is like a narrow sunset

From one way, they enter the gates of the soul

From one thousand ways, they depart

They plant gardens, the demons are the gardeners, picking
the fruits

They build temples, the thieves are the architects, they settle
within

They plant wheat, the devious devour it

The high walls, are surrounding them

Those walls, who speak

They are busy, pillaging the mind

It seems, that the locusts, have swarmed.

TO THOSE WHO TRY

To those, who try

(To those) who become guided

(To those) who measure the lines

(To those) who make it happen

The time of rising, the hidden secret

The region of the heart, the shining light

And the manifestation of the book, the intended fire

The pen, the melody, and the oath

The secret of the pen, the greeting of the rain

The quarry (of the pen), the essence of water

The history (of the pen), the message of excellence

The voice, the tear of the mothers

The sigh of the fathers

The pain of the orphan

The right of the hungry

The vessel of excellence

The concept of brilliance

Revealed and recognised

Within the Earth, concealed and intended

The pride, of the dignitaries

The laugh of the demon

The thieves who ride

They count, (money and wealth)

They swallow, (the earth)

Greedy, they are

They have planted corruption, in the heart

They regard the hell, as heaven

The living are hidden, in the midst of the dead

The clench of the teeth

And the revolution, of the time

O Mankind, You Are
The Intention Of The Pen

From knowledge, the pen is born

Its time, excited and hard

In the splendour of the soul, (the pen) has manifested
fruitfully

For the sake of ascension, (the pen) is the reverence to the
temple

It grows like a flower

(The pen is) beauty and trust

To the pen, there is fifty thousand years, of history and
magnificence

Like the cloud, that weighs the balance of water

The pen also measures, the limit and logic

(The pen) is the founder, for the lines of thoughtfulness

For the chariots of the name, it is the vastness

The pen cleaves open the sea, with the power of its ink

In the midst of the plain, (the pen) is the oasis

It has made a covenant of points, with the throne of the word
and the heart, that is the domain of hidden revelation

The points, that are interconnected with one another

At times, they are as sweet as honey

At times, like truth, bitter and heavy

At times, they talk of science

At times, they imprint the page, with guidance

O mankind

You are, the intention of the pen

Why are you sitting in the dusk?

(Why do) you speak, with greed?

(Why) with anger, you become anxious?

Until when, are you going to call the breath nothingness?

Narrow, like the thorn, is the surface of (your) heart

Against the mystery of life

Against the day of salvation

We (will) tear the rope, of mischief

We (will) rip the knot, of darkness

We (will) give glory, to the throne of the name

(And) we (will) queue, by the side of precision

Like the rumble of the mountain, we shout:

'O wind, who are you calling upon?

O thunder, why are you thundering?

And O river, to what order are you in need?'

From the pen, the knowledge is born

THE GENTLENESS OF THE WATER WAS TOUCHED

O line of explanation

The gentleness of the water, was touched

The reality of dream, became manifest

The glory of Yaad, passed from the Eden

The breeze of Baad, sat upon the page

The scent of conscience, echoed like the voice

The breath of command, scattered into the air

With ascension, the hand made a covenant of voyage

In the midst of the line, it broke the foundation of ignorance

(Then) grew from the ground, the essence of comprehension

And rumbled, like the origin of fire, the nature of realisation

O line of explanation

The gentleness of the water, was touched

The reality of dream, became manifest

The planet of distance, has sat upon the winds

It passed from the paradise, with the flame of grace

It looked (upon the Earth), from above the horizon

(It) pointed, towards the destination

It drank from the stream of honey

Like the quarry of thought, it boiled in the midst of the time

And like a mountain well-spoken, (it) flew towards the height
of the horizon

O line of explanation

The gentleness of the water was touched

I AM THE BEGINNING IN MYSTERY

O line of explanation

The Yaad, says this:

I am the beginning in the breath, the ascension of time

I am the end in the book, the thundering of the universe

I was here, before the entrance of the dust

I have weighed the words

I have measured the logic

With the sound of light, I have composed the fairness

With the passing of the moon, I have written the wisdom

I was born before the sun

I have seen the fountain, from the past and the ages

In the lines, I am the essence of knowledge, the reality of the
    citadel

I am the ascension of the first letter

I am the beginning, of the exalted name

From me, emerged the origin of fire

The end of the secret letter, is within me

In the beginning, I am the enigma

I made the mystery, of talking to wind

I am like the wave, in the midst of the water

Full of intellect, like the flowing glory, I am in the recitation
    of the breeze

The pen, without me, is meaningless

The page, without me, has no significance

I have made a covenant, of greeting with the voice

In silence, like breath, I am sitting in contemplation

I know the domain of explanation

I name the beginning of desert, the ignorance

And I call the end of the river, the sea.

O line of explanation

The Yaad, says this

SILENCE

Silence

Its recognition, the Yeh'aat

Its Yeh'aat, the life

Its life, gladness

Its gladness, the path

Its path, mystery

Its mystery, the secret

Its secret, the age

Its age, the voice

Its voice, the light

Its light, the verse

Its verse, happiness

Its happiness, righteousness

Its righteousness, the name

Its name, the crown

Its crown, the mountain

Its mountain, the soul

Its soul, the sight

Its sight, the sun

Its sun, the water

Its water, the dream

Its dream, joyfulness

Its joyfulness, eagerness

Its eagerness, exodus

Its exodus, resurrection

Its resurrection, the thunder

Its thunder, prosperity

Its prosperity, the Baad

Its Baad, the Yaad

Its Yaad, origin

Its origin, season

Its season, the entrance

Its entrance, intelligence

Its intelligence, the course

Its course, the fire

Its fire, the essence

Its essence, the mind

Its mind, the power

Its power, patience

Its patience, the time

Its time, the silence

Its time, the silence

THE BREATH IS THE REASON

The breath is the reason

The reason for the grace

It is the limit, for the insight

(It is) the point, of description

(It is) the throne, for the pen

The breath is the reason

Its mission, is the same, as the scrolls of the day

It is the wise and the counsellor, upon the summit of mystery

For the numbers, (the breath) is the modesty

For the injustice, (the breath) is the enemy

(It is) the logic and instruction

(The breath) is the protector, and the intention

The breath, is the reason

It has made a covenant, with the particles of light

(In this) place, the dimensions of time are guarded by the
power of the law

(In this) place, the birds are holding the flame, excited and
joyful

They overtake, from east to west

They make circles, from north to south

With the glory of the word, they manifest

By the account of the letters, they speak

They come, in the storm and wind

They ride, on the foundations of thunder

The excellence of sound, in the most exulted point

The magnificence of the summit, in the voice of the world
above

The breath, is the reason

It has made a covenant, with the letter of fire

The same letter, that is the master of recitation

(This letter), is sitting above the horizon, with beauty and
grace

In the same path as the mountain

In the heart of the Eden, (standing) upon the orbit of the soul

Its symbol, like the arc of the bow

From the dry land, to the dawn of the universe

The Summit Of Understanding

Hear the letters

Weigh the words

Measure the logic

The pen, has broken the gates of death

In the ascension of the self, it is sitting upon the vessel of the
soul

(The pen), is the ornament for the voice of the day

It is the power, for the staff of mystery

The pen is not afraid, of the storm of death

It rises[1], like a stream of eagerness

It drinks from the pot of honey, (that is) joyfulness

In the midst of the awesome Baad, (the pen) rumbles

In the direction of the excellence of Yaad, it circulates

The pen has observed its own silence, for many years

Counting each moment, (the pen) waits for the time of
resurrection

(The pen), contemplates the verses

Now (the pen), is coming from the summit of understanding

With the lines of order

With the greeting, and recitation

With the word, and concentration

It calls, upon the dead

---

[1]   Lit: boils

The dead, who wander aimlessly
Nothing they understand
(The dead), who are being looted
Nothing they see
These dead, have taken the scorpion(s) as their masters
The scorpion(s) that sting
Never are they sated
These dead, from the rising of the physical sleep, run in search for the piece of bread
When the moon begins to smile at night, they flow in search of mirage and emptiness
O how easily they sit, on death and humiliation
O how easily they set their hearts, on whatever they do not possess
The snakes, like the masters of falsehood, from the midst of the stones, fabricate the stories of hope
Like the ambassadors of demon, they are ripping the souls, tearing the heart, breaking the (sequence of) the breath
So they can sit upon the wheel of deceit, for a little while

O PEOPLE OF THE GRAVE (PART I)

Hear the letters

Weigh the words

Measure the logic

The heaven, is the scene of excellence

The breath, the secret of the verses

The dome of the sky, has opened in beauty to me

The voices of the closest angels, are reaching the ear

They talk of opening, the dimension of time and space

The place, where the pen, beside the people of the grave, has sat upon the throne of recitation

O people of the grave, you are, the intention of the pen

Which one of you thought, that he was the inheritor, of the dust?

Which one of you was writing lies, confidently upon the pages?

Which one of you saw life, as everlasting?

And which one of you laughed, at the needy and the poor?

The particles of your body, are the toys of the hidden winds

The hidden winds that, like thunder and lightning, are beating excitedly under the surface of the Earth

The Letter Of Sheen

O line of explanation

The earth, trembled

The breath, echoed

From the other side of the mountains

From above the plains of water

Riding, upon the carpet of joyfulness

In the excellence of intellect, logic and eagerness

The letter of Sheen, arrived safely

O line of explanation

The letter of Sheen saw those who are alive, sleeping side by
side

Saw the dead

Which by necessity, have set their heart for the day of
resurrection

The letter of Sheen, sighed

From time to time

From horizon, to horizon

(He) made the strategy, from the words of life

(He) wove the story, with the letter of Seda

The letter of Sheen, has arrived safely

Like the Baad, (he) cleaved open the earth

Like the Saad, (he) hastened towards the battlefield

And like the Yaad, (he) composed the music of fire

The letter of Sheen, has arrived safely

The letter of Sheen, has arrived safely

IT DREW CLOSE

It drew close
It drew closer
The sky cleaved opened
The order descended

The thunder roared
The cloud rained
The angel, drew back the bow
The demon trembled

The owl saw
The snake laughed
The fox sat to connive
The essence of the villain, spoke out

The light shone
Its season, the sun
The dust heard
Like the river, it became furious

The dawn blew
The day understood
The night, formed an assembly
The assembly, turned to chaos

The earth shook

The time turned

The pen raised

The ignorance fled and hid

The voice echoed

The heart, eagerly boiled

The cliffs cleaved open

The flowers blossomed

The star became joyous

The moon became luminous

The path ended

(And) the pain, was healed

The dust, became wise

The mystery, became revealed

The light became beautiful

And the breath, became like the voice

The spirit became overjoyed

The mind became the rain

The heart became jubilant

(And) the autumn became spring

The autumn became spring

IT IS NOT AS THEY THOUGHT

O line of explanation

Still the sky, is wide and clear

As before, the winds are blowing

The clouds, are safeguarding the logic of the dust

The horizon, is the scene of goodness

At its end, the firmament can be felt

O line of explanation

The day speaks

(It) says this:

The splendour of the soul, is made firm upon the waters

Its orbit, is the beginning of Eden

And its end: the limit of the sight.

O line of explanation

The night speaks without understanding

(It) cries this:

There is no word

There is no greeting

There is no rising

All there is, is darkness

The cloud is, as it was

The thunder roars, because of its own essence

The sea, has been surging, for many years

The moon, is the follower of the cause of nature

Even the sun, is on the way to extinction, behind the pressure
of time

Those who are gone, are gone

The Earth is darkness

And the life (of Man), is short.

O line of explanation

For every matter, there is a reason

And for every reason, there is a wisdom

It is not, as they thought

(Pledge) to the noon, and the shining of the sun

(Pledge) to the time, and the growth of the moonlight

(Pledge) to the mountain, and trembling Toor[1]

(And) to the tree, and the fruit of the Noor[2]

That the seal of the demon, will be broken

The falsehood, will sit in chain

And the gates of oppression, will be torn open

Yes, it is not as they thought

---

[1] Toor: mountain

[2] Noor: light

SPRING CAME

The spring came
Thunderously
The seal of the pen
(Is) like the bow and the arrow

The spring came
With the pen in hand
The demon of wickedness
Sat weeping

The voice, the voice
The country and the town
The field and the plain
The sea and the stream

The Earth, the Earth
Dark and cold
The mystic flame
(Is) the covenant of Man

The wind that blows
(Is) the essence, and the origin
The throne of the name
(Is) the ark of the season

50

The splendour of Yaad

The roar of the lion

The land of endurance

The young and the old

The hand of salvation

The fire of the mountain

The logic of the moon

In the same path as the soul

The flowing river

The essence of life

The field of power

The wisdom, of the world

Grace and sincerity

Our intention

The tree of love

The mystery of life

The word of light

The fruit of comprehension

The heaven of the self

The ending of sorrow

The wilderness of ignorance
The corruption of the heart
The ascension of the breath
From the dust and the mud
The voice is the voice of the vessel
The crown of the word is the mystery of the night

SOUL

Soul

Its temple, the garden

Its garden, the Yaad

Its Yaad, the Baad

Its Baad, the feather

Its feather, the gold

Its gold, eagerness

Its eagerness, joyfulness

Its joyfulness, the life

Its life, the path

Its path, exodus

Its exodus, the height

Its height, the thunder

Its thunder, prosperity

Its prosperity, the air

Its air, beauty

Its beauty, power

Its power, the mind

Its mind, the sight

Its sight, the sun

Its sun, the hundred

Its hundred, hand

Its hand, trumpet

Its trumpet, the light

Its light, the dream

Its dream, the water

Its water, the seal

Its seal, manifestation

Its manifestation, love

Its love, the soul

Its love, the soul

THE PEN PASSED
THROUGH THE NIGHT

The pen, quarry of the secret

The scroll of wisdom

It kindled the flame

The flame of the moon

The flame of the path

With the letter of sight

With the plan of light

Looked upon the page

With the flying breath

With the shield and wings

Like the essence of Yaad

With the origin of Baad

The pen reached the garden

The garden of Eden

The Earth of yore

To the Yaa of intention

To the land full of light

The pen passed, through the night

With the vessel of excellence

With the dignity and eagerness

With the hidden mystery

With the power of sight

Like a fish in the river

(The pen) passed the land of Nod[1]

It reached the sea, pure and white

Full of hope

Its comprehension, the message

Its understanding, the revolution

The pen passed, through the night

The pen passed, through the night

---

[1]   The land of Nod: mentioned in the Bible

About The Writer

Mehdi Zand is a mystery. For most of his life, he has been a man seeking his ultimate consciousness, seeking the way to perfection, seeking to walk in the path of the gods.

His ability to see what has been kept hidden and to understand the secrets of the existing universe led him on a journey beyond the boundaries of thought, into the era that he says is outside the conventional time. The result of this journey is the Exordium.

Mehdi Zand has created a tale that is both thought-provoking and entertaining, a tale to challenge every existing philosophy, a tale that brings to light a new concept regarding mystery, life and immortality.

Is Mehdi Zand just another writer, telling a story from his own imagination? Or is he a philosopher creating a revolution in our thinking and changing our understanding of the world around us? Read the Exordium and decide for yourself.

Also By Mehdi Zand

THE EXORDIUM
Volume 1: The Emergence Of The Gods
Volume 2: The Prophecy Fulfilled

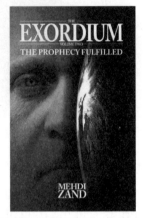

ISBN: 978-0-9547254-1-9   ISBN: 978-0-9547254-2-6

The Exordium is the chronicle of the gods. It is the history of the unseen world and the story of the time before creation.

The Exordium will shake the foundations of your beliefs, whatever they may be. Is this blasphemy? Is it heresy? These volumes are more powerful than any book of magic, and more original than any existing philosophy. With the power to change Man's heart and understanding, Mehdi Zand's *Exordium* introduces a new phase in the history of the world. For the first time ever, the gods are speaking – not to their chosen envoys – but to you. Are you ready?

Welcome to the emergence of the gods.

Welcome to the revolution of thought.

آشنایی با استاد مهدی زند

فیلسوف، ذهن خلاق، استاد علم اسرار و یا نویسنده ای زبر دست؟ نظر شما هر چه که میخواهد باشد مهدی زند اثباتی است بر وجود دنیای متافیزیک، دنیایی فراتر از این دنیای خاکی وجود. مهدی زند سالهای سال برای درک واقعیتهای هستی به جستجو و تحقیق نشسست. از قلب فلسفه های شرق و غرب دیدن کرد، از خط مذاهب گذشت تا بتواند به اصل عالم وجود رسد و دلیل این چرخ گردان هستی را دریابد. اما به گفته خویش هیچ مکتبی را نیافت که منطقی باشد ویا لااقل روشنگر جلوه کوچکی از حقیقت اسرار. به این جهت به درون خویش سفر کرد وپس از گذشتن از مرزهای فکر و خیال به شراره های حقیقی ذات وجود رسید. وی میگوید برای روشن کردن واقعیتهای نگفته پنهان و یا رها کرد فکر ازعقاید تحمیلی جمعی به نگارش کتابی نشستم به اسم آغاز مطلق و جامعه ای را به کمک یارانم پایه گذاری کردم به اسم جهان یاد. مهدی زند می افزاید ماموریتی را که در نظر گرفته ام کاری است دشوار و جهت و توضیح این مهم دشوارتر از آن. در پایان باید اضافه کنم که هدف من این است که برهان و قدرت فکر بشر فعلی را به بالاترین سطح خود برسانم تا کره زمین به مرز تکامل سیاره ای داخل شود و پایه گذار راهی باشم برای دست یافتن به درخت حیات یا زندگی مطلق ابدی. به امید آن روز. برای آشنایی با استاد مهدی زند میتوانید به تارنمای www.mehdizand.org مراجعه فرمایید.

همچنین از نویسنده مهدی زند

سلسله کتابهای آغاز مطلق

ارتداد یا حقیقت؟ افسانه یا واقعیت؟ تصمیم با شماست!

کتاب آغاز مطلق نوشتهٔ مهدی زند پایه گذار فلسفه ایست، فلسفه ای که می کوشد افکار انسانها را به بالاترین نقطه تکامل خود برساند. مرموز و پیچیده روشنگر مطالبی است عجیب و اسرارآمیز که تا کنون کسی توان توضیح آنان را نداشته و به یقین حتی جرات فکر کردن به این مسائل را نیز به خود راه نداده است. آغاز مطلق تاریخچهٔ آفرینش نیروهای پنهان گیتی وچگونگی فلسفه وجود است. تنظیم شده در عمق فکر ، انقلابی است در اندیشه و نمایانگر مسیرییست برای نبرد با تاریکی ذات. این کتاب پایه های فکری و اعتقادی شما را هر چند محکم باشد در هم خواهد ریخت و زیر بنا و اساس بسیاری از مذاهب را زیر سوال خواهد برد. این کتاب فلسفی پر از اسرار شما را با خود به سفری میبرد سفری مملو از داستانهای پر هیجان،سفری در پی شناخت عالم وجود وآتش هستی. نویسنده این کتاب مهدی زند از خوانندگان میخواهد که خود رابه جای قهرمانان سازنده و آتشین این نوشتارها تصور کنند از انان الهام گیرند بر تاریکی نفس خویش چیره شوند، دروازه های بسته اسرار را شکنند تا به هوشمندی ذاتی واقعی رسند. وی میگوید این کتاب وسیله ای است روشن که همگان میتوانند با درک مفهوم آن به درخت مرموز حیات دست یابند و به جاودانگی یا ابدیت مطلق رسند.

به آغاز مطلق خوش آمدید

خدایان ازپشت پرده های زمان ومکان در انتظارند

صدا
گفتار سی ام

چو ماهی رود
گذشته از نُود
به آبی رسید
روشن و سفید
سراسر امید
شم آن پیام
درک آن قیام
قلم از شب گذشت
قلم از شب گذشت

قلم از شب گذشت

قلم معدن اسرار
لوحه اخبار
شعله ای افروخت
شعله ماه
شعله راه
با نامه دید
با نقشه شید
به ورق نگریست
با هی سیال
با جوشن و بال
چو گوهر یاد
با جوهر باد
به باغی رسید
به باغ عدن
زمین کهن
به یای منظور
به ارض پر نور

قلم از شب گذشت
با مرکب فوق
با عزت و شوق
با رمز مستور
با قوت طور

صدا
گفتار بیست و نهم

صور آن نور
نور آن خواب
خواب آن آب
آب آن مُهر
مُهر آن ظهر
ظهر آن عشق
عشق آن روح
عشق آن روح

روح

روح
خانه آن باغ
باغ آن یاد
یاد آن باد
باد آن پر
پر آن فر
فر آن شوق
شوق آن ذوق
ذوق آن حیات
حیات آن صراط
صراط آن خروج
خروج آن عروج
عروج ان رعد
رعد آن سعد
سعد آن هوا
هوای آن صبا
صبای آن ذکر
ذکر آن فکر
فکر آن دید
دید آن شنید
شنید آن صد
صد آن ید
ید آن صور

صدا
گفتار بیست و هشتم

صحرای جهل

فساد دل

عروج ها

از خاک و گل

صدا صدای مرکب است

افسر ذکر رمز شب است

صدا
گفتار بیست و هشتم

هیبت یاد
نهیب شیر
میدان کوش
جوان و پیر

دست نجات
آتش کوه
منطق ماه
هم ره روح

رود روان
جوهر جان
عرصه طور
فهم جهان

مهر و صفا
مقصود ما
درخت عشق
راز بقا

کلام نور
میوه شم
بهشت نفس
پایان غم

بهار آمد

بهار آمد
غرش کنان
مهر قلم
تیر و کمان

بهار آمد
قلم به دست
دیو پلید
گریه نشست

صدا صدا
کشور و شهر
دشت و چمن
دریا و نهر

زمین زمین
تاریک و سرد
شعله سر
پیمان مرد

باد وزان
آغاز و اصل
کرسی اسم
زورق فصل

گفتار بیست و هفتم

رعد، در ذات خویش می غرد
دریا سالهای درازیست، که موج می زند
ماه، پیرو امر طبیعت است
خورشید نیز، پشت فشار قرنها، رو به نابودیست
رفتگان رفته اند
مردگان بر نمی خیزند
زمین ظلمت است
و
زمان کوتاه

ای خط تفسیر
هر امر را، مصلحتیست
و
هر مصلحتی را نیز، حکمتیست
چنین نیست که پنداشته اند
به ظهر و تابش آفتاب
به عصر و رویش ماه تاب
به کوه و نهیب طور
به درخت و میوه نور
که طلسم دیو، خواهد شکست
دروغ، به زنجیر خواهد نشست
و
دروازه های ظلم، خواهد گسست
آری، چنین نیست که پنداشته اند

آری چنین نیست که پنداشته اند

ای خط تفسیر

هنوز آسمان پهن و شفاف است

بادها، چون سابق وزانند

ابرها، منطق خاک را نگهبانند

آفاق، مظهر نیکیست

فلک را، در انتهای آن می توان حس کرد

ای خط تفسیر

روز سخن می راند

چنین می گوید

شکوه روح، بر آبها استوار است

مدارش، ابتدای عدن است

و

پایانش، نهایت دید

ای خط تفسیر

شب، بدون معرفت سخن می گوید

چنین می نالد

کلامی نیست

سلامی نیست

سروشی نیست

همه جا تاریکیست

ابر، همان بوده که هست

صدا

گفتار بیست و ششم

زمین لرزید
زمان چرخید
قلم برخاست
جهل، بگریخت و پنهان شد

صدا پیچید
قلب جوشید
صخره ها بشکافت
غنچه شکوفا شد

ستاره خندان شد
ماه تابان شد
راه پایان شد
درد درمان شد

خاک دانا شد
راز خوانا شد
نورزیبا شد
نفس چو آوا شد

روح شادان شد
فکر باران شد
قلب جوشان شد
خزان بهاران شد
خزان بهاران شد

نزدیک شد

نزدیک شد
نزدیک تر شد
آسمان بشکافت
امر نازل شد

رعد غرید
ابر بارید
فرشته کمانچه کشید
دیو، هراسان شد

جغده بدید
مار خندید
روبه، به حیله نشست
باطن زشتان، گویا شد

نور تابید
فصل خورشید
خاک بشنید
چون رود، خروشان شد

سحر دمید
روز فهمید
شب، انجمن کرد
انجمن، جنجال شد

حرف شین به سلامت رسید

ای خط تفسیر
زمین لرزید
نفس پیچید
از آن سوی کوهها
فراسوی آبها
سوار، بر فرش ذوق
در نهایت عقل، منطق و شوق
حرف شین، به سلامت رسید
زندگان را دید
که نقش در نقش، خوابیده اند
مردگان را دید
که به ناچار، دل به قیامت دوخته اند
حرف شین، آهی کشید
از زمان به زمان
از افق به افق
قصه ای ساخت از حروف بقا
نقشه ای بافت، با عُرف صدا
حرف شین، به سلامت رسید
چون باد، زمین را بشکافت
چون صاد، به سمت میدان شتافت
و
چون یاد، سرود آتش نواخت
حرف شین، به سلامت رسید
حرف شین، به سلامت رسید

ای اهل قبور (قسمت اول)

حروف را بشنوید
کلام را بسنجید
منطق را قیاس کنید
فلک، مظهر کمال است
نفس، سّر آیات

سقف آسمان، نزد من زیبا گشوده است
صدای فرشتگان مقرب به گوش می رسد
آنان، از باز شدن پرده های زمان و مکان سخن می گویند
جایی که قلم در کنار اهل قبور، بر کرسی ذکر، جلوس کرده است

ای اهل قبور
قلم، شما را منظور است
کدام از شما بود که خود را
وارث خاک می پنداشت
کدام از شما بود که دروغ را
بی باک بر کاغذ می نگاشت
کدام از شما بود که حیات را جاودان می دید
و
کدام از شما بود که بر فقیر و مسکین می خندید
ذرات بدن شما، بازیچه بادهای پنهان است
بادهایی که زیر سقف زمین، چون رعد و برق، درهیجان و طپشند

صدا
گفتار بیست و سوم

غارت می شوند

هیچ نمی بینند

این مردگان

عقربها را، به عنوان آقای خویش گرفته اند

عقربها، که نیش می زنند

سیر نمی گردند

این مردگان از سروش خواب تن

به دنبال تکه نانی دوانند

از آغاز خنده ماه در شب

به دنبال پوچی و سراب روانند

وای که چه آسان، به مرگ و خواری نشسته اند

وای که چه آسان، به آنچه ندارند دل بسته اند

ماران چو اربابان دروغ

از میان سنگها، قصه امید می بافند

آنان چو سفیران دیو

روح را می درند

قلب را می شکافند

نفس را می شکنند

تا چند صباحی، بر عرابه فریب بنشینند

قله فهم

حروف را بشنوید

سخن را بسنجید

منطق را، قیاس کنید

قلم

دروازه های موت را شکسته است

در سروش خویش، بر مرکب نفس نشسته است

صدای روز را، زینت است

عصای راز را، قدرت است

قلم از طوفان مرگ نمی ترسد

چون نهر اشتیاق می جوشد

از کوزه، عسل ذوق می نوشد

در میان نهیب باد می غرد

در جهت کمال یاد می پیچد

قلم سالهای درازیست، که سکوت را مراقب است

به انتظار زمان قیام، لحظه ها را می شمارد

آیات را تدبیر می کند

اکنون، از قله فهم می آید

با خطوطی از نظم

با ذکر و سلام

با فکر و کلام

مردگان را می خواند

مردگان که می چرخند

هیچ نمی فهمند

صدا

بر اساس رعد سوارند
کمال صوت، در درجه اعلا
جلال فوق، در صدای عالم بالا

نفس جهت است
با حرف آتش، پیمان بسته است
همان حرف، که سرور ذکر است
با برکت و میثاق
نشسته بر آفاق
هم مسیر کوه
در قطب عدن، بر مدار روح
نشان، چون قوس کمان
از زمین خشک، تا سقف جهان

نفس جهت است

نفس جهت است

جهت فیض

حد بینش

مقام تفسیر

کرسی قلم

نفس جهت است

با طومار روز، در یک مسیر

بر قله راز، ناطق و بصیر

هجب اعداد

دشمن بیداد

منطق و دستور

حامی و منظور

نفس جهت است

با روزنه های نور، پیمان بسته است

جایی، که پرده های زمان را، قوای انتظام حافظند

جایی که مرغان، با فانوس خویش، در هیجان و طپشند

از شرق به غرب، سبقت می گیرند

از شمال به جنوب، دایره می سازند

با تلفظ کلام، ظاهر می گردند

به شمارش حروف، سخن می گویند

در طوفان و باد می آیند

ذوق آن خروج
خروج آن عروج
عروج آن رعد
رعد آن سعد
سعد آن باد
باد آن یاد
یاد آن اصل
اصل آن فصل
فصل آن ظهور
ظهور آن شعور
شعور آن مسیر
مسیر آن سعیر
سعیر آن ضمیر
ضمیر آن فکر
فکر آن ذکر
ذکر آن صبر
صبر آن نشست
نشست آن سکوت
نشست آن سکوت

سکوت

سکوت
عُرف آن، یه آت
یه آت آن حیات
حیات آن نشاط
نشاط آن صراط
صراط ان راز
راز آن رمز
رمز آن بقا
بقا ی آن صدا
صدای آن نور
نور آن صور
صور آن شاد
شاد آن راد
راد آن نام
نام آن فام
فام آن کوه
کوه آن روح
روح آن دید
دید آن شید
شید آن آب
آب آن خواب
خواب آن شوق
شوق آن ذوق

صدا
گفتار بیستم

من با صدا، پیمان سلام بسته ام
در سکوت، چون نفس، به مراقبت نشسته ام
من فضای تفسیر را می دانم
ابتدای صحرا را، جهل می نامم
و انتهای رود را، دریا می خوانم
ای خط تفسیر
یاد، چنین می گوید

من در رمز آغازم

ای خط تفسیر
یاد، چنین می گوید
من در نفس ابتدا، سروش زمانم
من در کتاب انتها، خروش کیهانم
من پیش از آمدن، خاک بوده ام
کلام را سنجیده ام
منطق را قیاس کرده ام

من با صدای نور، عدالت را سروده ام
با عبور ماه، حکمت را نوشته ام
من قبل از خورشید، تولد یافتم
چشمه ها را، از قدیم و ندیم دیده ام
من در خطوط، جوهر علم، ستاد اصلم
من عروج حرف اولم
ابتدای اسم اعظمم
آتش، به من آغاز می گردد
پایان حرف سّر، در من است
من در رمز آغازم
راز سخن با باد را می سازم
من چون موج، در میان آبم
چون فوج پرشور، در ذکر بادم
قلم، بدون من بی معناست
ورق، بدون من بی مفهوم است

صدا

گفتار نوزدهم

ای خط تفسیر
لطافت آب، لمس شد

لطافت آب لمس شد

ای خط تفسیر

لطافت آب، لمس شد

حقیقت خواب، ظاهر گشت

هیبت یاد، از عدن گذشت

نسیم باد، بر ورق نشست

بوی وجدان، چون صدا پیچید

هی فرمان، در نفس دمید

دست با سروش، پیمان سفر بست

در میان خطوط، ریشه جهل را شکست

جوهر فهم، از زمین روئید

و

گوهرشم، چو اصل آتش غرید

ای خط تفسیر

لطافت آب، لمس شد

حقیقت خواب، ظاهر گشت

کوکب دور، بر بادها نشست

با شعله نور، از فلک گذشت

از آفاق نگریست

هدف را نشانه کرد

از نهر عسل نوشید

چون معدن فکر، در زمان جوشید

و چون کوه، خوش ذکر، به قطب آفاق پر کشید

صدا
گفتار هجدهم

چرا در غروب نشسته اید
با حرص تکلم می کنید
با خشم آشفته می گردید
تا چه وقت
نفس را عارمی خوانید
زمین قلب، چون خار باریک است
بر ضد راز حیات
بر ضد روز نجات
طناب شرارت را، می دریم
گره ظلمت را، پاره می کنیم
کرسی اسم را، وسعت می بخشیم
در کنار دقت، صف می بندیم
چون نهیب کوه، فریادمی کشیم
ای باد که را می خوانی
ای رعد چرا می غری
و
ای رود، به چه امر محتاجی
قلم، زاییده علم است

ای آدمیان قلم شما را منظور است

قلم، زاییده علم است

زمانش، پر شور و سخت

در شکوه نفس، پر بار ظاهر گشته است

از بهر سروش، خانه را حرمت است

چون گل می روید

زیبایی و اعتماد

قلم را پنجاه هزار سال، تاریخ و شوکت است

چون ابر که میزان آب را می سنجد، قلم نیز، حد و منطق را قیاس می کند

پایه گذار، خطوط تفکر است

عرابه های اسم را، وسعت است

به نیروی مُرکب خویش، دریا را منشق می سازد

در میان دشتها، بیشه است

با قلب، که جایگاه الهامات غیب است، با کرسی کلام، پیمان نقطه بسته است

نقطه هایی، که به هم مربوطند

گاه چون عسل شیرینند

گاه چون راستی، تلخ و سنگینند

گاه از علم سخن می گویند

گاه سرزنش را، بر ورق می زنند

ای آدمیان

قلم، شما را منظور است

85

صدا
گفتار هفدهم

غرور بزرگان

خنده دیوان

دزد بازان

می شمارند

می بلعند

حریصند

فساد را، در دل کاشته اند

دوزخ را، بهشت پنداشته اند

زندگان، درون مردگان پنهان

فشار دندان

قیام دوران

به آنان که می کوشند

به آنان که می کوشند
هدایت می شوند
خط را می سنجند
رقم می زنند

ساعت قیام، رمز مستور
وادی قلب، تابش نور
و
ظهور کتاب، آتش منظور

قلم، سرود و پیمان
سّر قلم، ریزش باران
معدن سّر جوهر آب
قصه آن پیام ناب

صدا
اشک مادران
آه پدران
درد یتیمان
حق گشنگان
مرکب کمال
مکتب جمال
ظاهر ومعلوم
در زمین منظوم

صدا

ای خط تفسیر
یاد، چنین می گوید
من خاکها را می بینم
که
دروازه های قلب خویش را، با شرارت بسته اند
سّر میراث را، با وقاحت ربوده اند
آنان را درود
حسادت و ننگ، بیماری و جنگ است
فلک نزد آنان سنگ
سحر، غروبی تنگ
از یک راه، به دروازه های نفس وارد می گردند
از هزار راه می گریزند
باغها غرس می کنند
شیاطین باغبانند
میوه می چینند

خانه بنیاد می کنند
دزدان معمارند
ماوا می گیرند

گندم می کارند
موذیان می بلعند
دیوارهای بلند، گرد آنان است
دیوارها که سخن می گویند
به غارت مغز مشغولند
انگار، ملخها، هجوم آورده اند

انگار ملخها هجوم آورده اند

ای خط تفسیر
یاد، چنین می گوید
حصار شهر، ویران است
گناه خاک، ژرف تر از دریا
وحوش زمین، برخاسته اند
نفس ها، گستاخ گشته اند
با کردارخویش، عامل شرارتند
در افکار، غافل از قیامت و سروش
از غرور و جهل فخرمی فروشند
بر آنان رجوعی نیست
با آشتی، غارت می کنند
با عشق تجاوز
آنان
کثرت روز را، از یاد برده اند
بُت ها ساخته اند، به حفاظت نشسته اند
قصه ها بافته اند، به فریب دل بسته اند
زمین بهار را، خشک می بینند
چون گرد و غبار خاکند
چون برگ زیر پای بادنند
به خیال خود در جهان تمدن زیست می کنند
حتماً طنز می گویند
یا سخن، به مسخره می رانند

کلمه سبقت گرفت (قسمت دوم)

کلمه سبقت گرفت
قلب وسعت یافت
ذات مشعل افروخت
قلم از خرد، نقشه ای بافت
و
صدا سّر عدن را، چو دریا شناخت

کلمه سبقت گرفت
اسم، رمز آتش، به ورق بخشید
روح، چو راز فلک به عمق آفاق پرکشید
نفس به پا خواست، از چشمه شوق نوشید
و
آب چو رود فرخ، از زمین جوشید

کلمه سبقت گرفت
اسم، رمزآتش، به ورق بخشید
شعله پاک از در رسید، فرجی گشود
قصه عشق را با نفس، عاشقانه سرود
چون صدای صور در زمان پیچید
و
چون کشتی نور، به ساحل رسید
کلمه سبقت گرفت
کلمه سبقت گرفت

صدا
گفتار چهاردهم

چنین می گوید

من به پا خواسته ام

در سروش منطق، ایمان شده ام

با عصای منظوم، کشتی ساخته ام

من خطوط سقف را دیده ام

رموز فلک را شنیده ام

به صدا، مرکب سخن رسیده ام

قلم، زائیده علم است

من به پا خواسته ام

قلم، زائیده علم است
زمانش، پر شور و سخت
زمین را، روئیت است
ورق را زینت است
قلم از طوفان مرگ نمی ترسد
در میان آبها می چرخد
با خروش موجها می پیچد
قلم، شعله سّر را آتش است
بر کرسی ذکر می نشیند
چنین می گوید
من به پا خواسته ام
در فضای معنا، ساکن شده ام
در جهان غیب، طیران کرده ام
من خزان برزخ را دیده ام
به بهشت نفس رسیده ام

قلم، زائیده علم است
زمانش، پر شور و سخت
سایبانیست، چون ابر شفاف
مسیریست ناطق، در کسب اهداف
در کمال زمان رود را وسعت است
قلم از طوفان مرگ نمی ترسد
بر حریم روح می نشیند

تنگی قبر

حروف را بشنوید
کلام را بسنجید
منطق را، قیاس کنید
نور مظهر کمال است
قلم، رمز آیات

در فضای لمس، برای تسخیر قلب ها
سراسیمه از میان آبها می گذرد
با درد یتیمان قصه ها می سازد
با غصه مادران اشک ها می ریزد
سقف آسمان نزد من زیبا گشوده است
صدای فرشتگان مقرب به گوش می رسد
آنان از باز شدن پرده های زمان و مکان، سخن می گویند
جایی که صدای مردگان
چو خروش رعد می پیچد
مردگانی که شیون می کنند
فریاد می کشند
انگار، از آدمیان دل سردند
ویا تنگی قبر را، اشاره می کنند

صدا
گفتار دوازدهم

بر قلب ها نشست
با نشان دانه ها کاشت
پر توان جامه ها بافت
نفوس یاد را طلبید
خطوط باد را سنجید
و در فر و جلال
به اوج افلاک پر کشید
کلمه، میراث آتش است

کلمه میراث آتش است

کلمه، میراث آتش است
از فراز ابرها ارض را نگریست
از برای سروش
چون ماه تابید
چون باران بارید
با حروف رمز، نغمه ها ساخت
نغمه های بهشت
نغمه های حیات
نغمه های نجات

کلمه، میراث آتش است
از فراز ابرها ارض را نگریست
از آفاق دور
چو نورهای نور
زمین را نشانه کرد
از جهان به جهان
از برج به برج
بُعدها را شکافت
با صدای صور
از وادی طور
سُرودها نواخت
با هیبت عرش
چو معدن نقش

در سکوت شب
به تدبیر آسمان
قلم، به مراقبت نشسته بود
با ذکر حروف، به آفاق نگریست
نغمه ای شنید که بُعدها را می شکافت
با عشق می نواخت
که
آدمی فرزان راستیست
فرهنگش دریای هستیست
وسعت قلبش، پهنه دریا
حدود دستش، کلام القا

در سکوت شب
به تدبیر آسمان
قلم، به مراقبت نشسته بود

در سکوت شب

در سکوت شب
به تدبیر آسمان
قلم، به مراقبت نشسته بود
جویای حقیقت
تشنه حکمت
سرا پا گوش
سلاحش هوش
پیرو نور
قایل صور

در سکوت شب
به تدبیر آسمان
قلم، به مراقبت نشسته بود
با ذکر حروف، به آفاق نگریست
صدایی شنید
صدای باد
که
سخن را، به رسم خطوط افلاک می آراست
سخن، هم پایه کیهان
سخن، چون راز مستور
پُرنقش، چون زمین و زمان

صدا
گفتار دهم

من احساسم
من سروشم
من ورودم
ورود، به دروازه های افلاک

ورود به دروازه های افلاک

ای خط تفسیر

یاد چنین می گوید

من سّر کتاب را، اصل می دانم

هی سکوت را، با حروف خویش، فصل آتش می خوانم

این آتش، جوشش رمز افلاک است

من فَر کمال را، که در آفاق است، می نگرم

قیام نفس، چو صدای عدن، ندای من است

این ندا سروش دریاست

چون سلام کوه، در عروج فکر

چون کلام ماه، در شعله ذکر

ای خط تفسیر

یاد چنین می گوید

من بر آنان، که در مرگ می نشینند، افسوس می خورم

بر آنان که حرص را چاره می دانند

بر آنان که صدا را با حسد می خوانند

و

بر آنان که علم را چون خاک، ذلیل می نامند

من با اراده، پیمان بسته ام

که در وقت لزوم، در من خانه سازد

آنگاه که آدمیان، مردگان خود را به گور می سپارند

من شکاف درون قلب را چون درد، حس می کنم

صدا

گفتار نهم

من صدای شعله آتشم
من ندای نور عروج هر بینشم
در من، فر زمان نشسته است
در من راستی ایمان گشته است
سر چشمه انصاف از من است
من، مقصود باران را می دانم
نیک دلان را می خوانم
در هدایت سیر می کنم، می خرامم
همگان، مرا نمی فهمند
باطلان، مرا نمی بینند
ظالمان، از آماج من به دورند
من دریا هستم
خرد و ذوق از آن من است
من چشمه هستم
سروش بعد از مرگ را می دانم
با من قُضات
به راستی قضاوت می کنند
حاکمان
به عدالت حکم می رانند
شریفان، به شرافت سخن می گویند
و
کوهها به میزان، کلام را می پایند
ای خط تفسیر
یاد چنین می گوید

در من فر زمان نشسته است

ای خط تفسیر

کتاب، اساس راز است

اصول عشق، شعور پرواز است

در این کتاب حروف سخن می گویند، کلمات قصه می سازند

ای خط تفسیر

حرف از آب، سنگین تر است

از رعد و تیر، تند و تیز تر است

در این کتاب، منطق روح را می خواند

افق، ماه را می پاید

و

آب پاک، کوه را پُر می سازد

ای خط تفسیر

در این کتاب عدل و داد چون شبنم، بر عقل نشسته اند

سایبان ابر است

عدد سَر قدرت است

مشرق، برزخ را تفسیر می کند

و

قلم، با وقت پیمان می بندد

ای خط تفسیر

یاد چنین می گوید

کلمه سبقت گرفت (قسمت اول)

کلمه سبقت گرفت
چون صدای صور، در فضا پیچید
چون منشاء نور، بر قلم تابید
با عزت طور، پیمان بست
با کلام دید، از خط گذشت
و
با واژه شید، بر ورق نشست

کلمه سبقت گرفت
چون ذات مشعل افروخت
جهان را نشانه کرد
از برج سعد، با دقت رعد یکسان گشت
با کمان باد، چون بینش یاد به دریا رسید
با سفیدی چشم نقشه ای بافت
با خانه آن معبدی ساخت
و
با هی روح، به سوی وسعت شتافت
کلمه سبقت گرفت
کلمه سبقت گرفت

صدا
گفتار هفتم

قیام را می سازم

من لقمانم

پند و اندرز می خوانم

من خاطرم

حافظه در من نشسته است

من دنیا هستم

در آخرت زیست می کنم

تغییر نظم، کار من است

زمین، با من سخن می گوید

ماه، بر حسب ذکر من می چرخد

من صدای شعله آتشم

من ندای نور، عروج هر بینشم

من قیاس حروف را

چون سقف آسمان، مستحکم می دانم

مکان بر خورد رودها را

نقطه سروش روح می نامم

و

زمان تبدیل وقت را

طپش، مُهر قیامت می خوانم

ای خط تفسیر

یاد چنین می گوید

من صدای شعله آتشم

ای خط تفسیر

یاد چنین می گوید

من صدای شعله آتشم

من ندای نور، عروج هر بینشم

من دلاوران را می خوانم

آنان، که با مژده باد همراهند

شرق را حافظند

غرب را نگهبانند

ای خط تفسیر

یاد چنین می گوید

من به فرمان نفس، بادها را نیکو می سازم

بارها را سنگین می گیرم

سر چشمه فکر، ازمن است

آتش را من یافته ام

گندم را من کاشته ام

درخت خرما را

من پیوند زده ام

انسان بدون من هیچ است

انسان بدون من پوچ است

بی من سرودی نیست

بی من اصالت و صعودی نیست

من مغز ستادم

با یاد مستورم

ای خط تفسیر

قلم چنین می گوید

من فر زمان را، که در میان آفاق است، چون سخن سنگین می دانم

من سر فلک را، که در میان زمین است، به اسم آتش می خوانم

و

من غرور و جهل را، چون حسادت، مکان ظلمت می نامم

من چون کوه در طورم

در سلام منظورم

در کتاب منشورم

چون باد معمورم

با یاد مستورم

من در حروف، هفت آسمانم

دانش و بینش، راستی را فروزانم

من نور را می خوانم

در توکل سیر می کنم، می خرامم

من قیامم، احساسم

در یقین می نشینم، چنین می گویم

آنان که رسم تکذیب را بر گزیدند

دل به رشک، سم دروغ، دنیای فانی دوختند

اگر تمام جهان را چون طلا بیارایند

باز اهل قبورند

بر نخیزند

بر نخیزند

صدا

من نزد کتاب، معمارم

من نگهبانم

که حدود از فرمان تجاوز نکنند

و خطوط از دوران خارج نگردند

من قیاس حروف را، چون سقف آسمان، مستحکم می دانم

مکان برخورد رودها را

نقطه عروج روح می نامم

و صدای تبدیل وقت را

سروش قیامت می خوانم

ای خط تفسیر

یاد، چنین می گوید

قیام صدا در من است

ای خط تفسیر
یاد چنین می گوید
هنگامی که آدمیان، مردگان خود را به خاک می سپارند
من شکاف قلب آنان را، می بینم
من شیون آنان را، می فهمم
گریه آنان را
چون حروف، تحصیل می کنم
من از طوفان مرگ، نمی ترسم
سالار را طوفانم
زمین را بارانم
باران را نگهبانم
من پیش از آمدن ماه، تولد یافتم
من قبل از اینکه آتشها، آتش بیفروزند، آدمی را می شناختم
انسان، به من آغاز می گردد
قیام صدا، در من است
من دریا هستم
حد آن را می دانم
من در بادم
نفوذ باد را می پسندم
من در ابرم
وسعت ابر را می پایم
من با کلام، پیمان سروش بسته ام
چون نفس، در سکوت به مراقبت نشسته ام

صدا
گفتار چهارم

رمز آن فوق
فوق آن شوق
شوق آن موج
موج آن اوج
اوج آن دید
دید آن شید
شید آن اصل
اصل آن فصل
اصل آن فصل

نفس

نفس
هی آن، یه آت
یه آت آن حیات
حیات آن نشاط
نشاط آن صراط
صراط آن فر
فر آن زر
زر آن طور
طور آن نور
نور آن داد
داد آن راد
راد آن باد
باد آن یاد
یاد آن عرش
عرش آن نقش
نقش آن ید
ید آن صد
صد آن گام
گام آن فام
فام آن ذکر
ذکر آن فکر
فکر آن راز
راز آن رمز

صدا
گفتار سوم

چو باد صبا
سینه کوه
خط تفسیر
قله کوه
رمز تغییر
قلم از شبِ گذشت
پرده راگسست
با شاخه خیر
چون شعله سیر
به رودی رسید
گوهر راه
به نهری رسید
جوهر ماه
نقشه رود
چو سر عدن
منشأ رود
زمین کهن
ریشه نهر
ساحل پاک
مقصد نهر
عروج خاک
قلم از شبِ گذشت
پرده را گسست
قلم از هی فلک، اشباح شد

قلم از هی فلک اشباح شد

قلم، قایل اسرار

پیرو انوار

معدن صور

حامی نور

بر بالها نشست

بالهای آب

بالهای ناب

قلم، قایل اسرار

پیرو انوار

جلای مسکن کرد

مسکن جسم

با فرمستور

با هی منظور

با هیبت یاد

به سرعت باد

به شهری رسید

تازه و جدید

به کوهی رسید

محکم و حدید

مرکز شهر

خطوط صدا

هوای شهر

صدا
گفتار دوم

قلم، جلای مسکن کرد

با وسعت خویش

مدار نظم را طلبید

کرسی اسم را سنجید

از فصول کرات دیدن کرد

قلم آسمان افق را دید، که با تلاش می تابید

سقف آفاق را نگریست، که با نهیب می غرید

باران سر و جلال، در سکوت شب بارید

حیاط قلب به شدت لرزید

چشمه ها

از عمق زمین جوشیدند

گل ها

از هیبت نور روئیدند

قلم، جلای مسکن کرد

از حدود غروب گذشت

از حصار شب گریخت

با زمزمه حرف

حرف آتش

نقش مکان را درید

از ذکر به فکر

از غرب به شرق

به قطب سحر پر کشید

قلم، جلای مسکن کرد

قلم جلای مسکن کرد

قلم، زائیده علم است

زمانش، پر شور و سخت

چو برجهای ناطق دشت

خیمه خاک را نظاره کرد

چون برق درخشید

چون رعد غرید

به سمت جهت تاخت

از جنوب به شمال

بر حسب رمز، دایره ساخت

قلم قایل اسرار

جلای مسکن کرد

مسکن جسم

از حدود غروب گذشت

از حصار شب گریخت

با زمزمه حرف

حرف آتش

نقش زمان را درید

از فهم به فهم

از ذکر به فکر

از غرب به شرق

به قطب سحر، پر کشید

قلم از قلب عدن ریشه گرفت

قلم، زائیده علم است
زمانش، پرشور و سخت
چو برجهای ناطق دشت
خیمه خاک را نظاره کرد
چون کمان چرخید
چون رعد غرید
به سمت جهت تاخت
از جنوب به شمال
بر حسب رمز، دایره ساخت

قلم، جلای مسکن کرد
از حدود غروب گذشت
از حصار شب گریخت
با وسعت یاد
مدار نظم را طلبید
با هیبت باد
کرسی اسم را سنجید
قلم، جلای مسکن کرد
با زمزمه حرف، حرف آتش
نقش مکان را درید
از ماره گذشت
به چشمه رسید
قلم از قلب عدن ریشه گرفت

در بارهٔ نویسنده کتاب

115

زمزمه هایی از جهان آتش

جلد اول

صدا

مهدی زند